Charles de Mazade

I0423817

Le Christianisme révolutionnaire

Le savoir en poche

ISBN : 978-1548035044

10 9 8 7 6 5 4 3 2 1

Charles de Mazade

Le Christianisme révolutionnaire

Le savoir
en poche

Table de Matières

Le Christianisme révolutionnaire

Un des caractères les plus saillants et les plus étranges des années qui ont précédé la révolution de février, il faut l'avouer à la confusion de notre frivolité athénienne, c'est une incurie à peu près universelle sur notre véritable état moral, c'est une sécurité trompeuse au milieu des courants d'opinions factices qui se formaient, au milieu des doctrines, des passions et des systèmes qui nouaient autour de nous la plus redoutable conjuration. Il arrivait alors ce qui arrive fréquemment dans les intervalles de repos laissés par les révolutions : c'est que, l'esprit révolutionnaire ayant quitté la rue et désarmant en quelque sorte, on le redoutait moins ; on cessait d'avoir présents ses vices hideux et les extrémités qu'il enfante ; on lui savait presque gré véritablement de ne point tout bouleverser et de se borner à réclamer, avec de gros mots sans doute, mais sans autre violence, la capitulation morale et progressive de la société. L'esprit révolutionnaire n'était point dans nos rues, il est vrai : il prenait pour le moment la figure d'un roman humanitaire, d'une théorie sociale ou de quelque déclamation apocalyptique, quand il n'était pas plus simplement cette vertueuse et taquine opposition, si bien dressée à son rôle d'obstacle permanent et si habile à prédire les catastrophes qu'elle prépare. Sa propagande descendait sous nos yeux dans l'âme du peuple pour aigrir sa misère, enflammer ses convoitises et légitimer ses haines. Il spéculait sur nos illusions comme sur nos dérèglements d'intelligence, et s'allait loger même chez ceux qui, mieux avertis, l'eussent combattu de plus près. Nous avons vu d'honnêtes magistrats prendre au sérieux les merveilleuses élucubrations philanthropiques de M. Sue et de fortes têtes souscrire au phalanstère dans l'intérêt du progrès pacifique ; nous avons vu une génération tout entière, suspendue à des lèvres, par malheur éloquentes, occupées à démontrer l'insupportable ennui du mariage et du bonheur privé ; nous avons vu de mystiques hallucinations sur la perfectibilité indéfinie honorées comme des élans généreux de l'intelligence ; nous avons vu enfin l'art de Tacite devenir l'instrument avili des réhabilitations révolutionnaires et le goût public se complaire à ces coupables caprices.

Quand vint février, nous étions en train de nous raccommoder avec Robespierre et de retrouver en lui l'homme vertueux et le profond politique ; nous mettions la révolution en romans et en tableaux de genre : au fond, c'est ma pensée, il y avait en nous plus de témérité imprévoyante et de fatuité aventureuse que de dépravation réelle. C'est le défaut des sociétés gâtées par le succès, et qui se croient tout permis parce qu'elles se croient sûres de vivre : elles se laissent aller à n'apprécier qu'un côté du désordre, — le côté matériel ; elles oublient que la lutte virile est la condition normale des sociétés qui veulent rester maîtresses d'elles-mêmes, que toute fantaisie comme toute faiblesse dans l'ordre moral et dans l'ordre intellectuel se paie souvent du plus pur sang des hommes, et qu'il est insensé, sous le prétexte de dissidences secondaires ou d'une tolérance qui n'est qu'un piège, d'entrer en complicité avec l'ennemi. Qu'est-il arrivé en effet ? C'est que toutes ces choses qu'on supposait purement imaginaires, et qui flottaient comme des rêves fiévreux dans notre atmosphère échauffée, ont pris corps et ont vécu, hélas ! de notre vie la plus réelle, qu'on croyait pourtant bien avoir mise à l'abri des irruptions. Le plus populaire de nos romans pseudo-historiques sur la révolution, c'est-à-dire le plus habile à emmieller de poésie cette sanglante époque, ne s'est-il point fait chair et os pour entrer en victorieux à l'Hôtel-de-Ville ? Les théories du bonheur commun n'ont-elles point eu leur théâtre officiel d'expérimentation et leur sénat ? L'illuminisme humanitaire n'a-t-il point été vu à la tête d'une légion et au parlement ? *Les Mystères de Paris* n'ont fait qu'un représentant du peuple : — c'est bien peu, avouons-le, et il était permis d'espérer mieux. On a eu raison, sous ce rapport, de le dire : il y a eu beaucoup de littérature dans la révolution de février, et c'est ce qui lui a donné toujours cet aspect si peu réel, c'est-à-dire si peu conforme aux légitimes et saines conditions de la vie.

Au milieu de cette agitation révolutionnaire qui a été l'amusement d'une société imprévoyante avant d'être son châtiment, il y a eu sans doute des épisodes de plus d'un genre, des incidents d'une physionomie précieuse à reproduire, comme on fait de toute curiosité du monde moral et intellectuel. Ce n'est point du roman humanitaire et philanthrope que je parle, ni des libelles économiques ni des pamphlets de l'histoire. Avez-vous oublié quelques esprits prétentieux et confus occupés dans leurs philosophies bâtardes à colorer de quelque teinte religieuse leurs amplifications sur le progrès et sur la perfectibilité humaine ? Avez-vous oublié surtout deux professeurs dont la parole était arrivée à une sorte de retentissement en fouettant chaque jour le sang ardent d'un auditoire inexpérimenté ? Leur langage était enflammé et prenait un caractère prophétique ; ils promulguaient, c'est bien le mot, leurs discours de *l'héroïque montagne de Geneviève*, comme ils disaient. Ai-je besoin de nommer M.

Michelet et M. Quinet ? A travers les divagations radicales, voltai-riennes, lyriques, humoristiques de leur enseignement, une inspira-tion commune animait les deux professeurs : ils étaient prophètes et révélateurs ! Passé, présent, mouvements historiques, mouve-ments littéraires, travail contemporain des peuples, tout leur servait à mettre au jour un christianisme de leur fantaisie, religion vivante et féconde des penseurs en opposition avec les religions officielles des pharisiens, des docteurs et des scribes, — un christianisme qui, après s'être propagé sourdement à travers les siècles, après avoir eu ses précurseurs et ses martyrs, aurait trouvé sa pleine et suprême réalisation vers l'an 1793, dans la révolution française, pour se per-pétuer dans le socialisme ! Le langage était en harmonie avec la pen-sée : c'était une phraséologie tout empreinte d'illuminisme, semi-re-ligieuse, semi-poétique, où il était sans cesse question de *l'eucharistie sociale*, du règne du verbe, de l'incarnation de l'idéal divin par l'éga-lité et la fraternité, et où la convention passait à l'état de concile nou-veau, de foyer inextinguible de spiritualisme chrétien. Saine et mer-veilleuse nourriture pour cette jeunesse destinée aux épreuves, qui allait battre des mains à ces visions comme à des réalités puissantes !

Qu'est-ce à dire ? au sein d'une société sceptique et clémente, plus surprise qu'irritée et trop dépourvue de vigilance à coup sûr, il s'était trouvé quelques songe-creux pour envelopper de mysticisme et de poésie la plus pure essence de la démagogie, comme on enferme un poison subtil et rare dans un flacon précieux, et pour offrir en pâture aux intelligences superficielles ou malades cette perpétuelle confusion entre l'idéal chrétien et l'idéal révolutionnaire. M. Qui-net peut passer à juste titre pour un des héros de cette inspiration avant 1848. Est-il donc sans intérêt de reproduire cet épisode de notre vie intellectuelle, après avoir vu ces prédications déteindre sur les faits contemporains, après avoir vu ce christianisme révolution-naire devenir une des folies accréditées de notre temps et tomber comme une arme tout aiguisée aux mains des factieux subalternes eux-mêmes ? Songeons-y en effet : ce n'est point un ennemi mort que j'irais relever par pure curiosité archéologique, c'est un ennemi d'hier sans doute et c'est aussi un ennemi d'aujourd'hui, envahissant nos carrefours et nos polémiques ; le malheur de notre société avant février, ça a été de ne croire au danger de ces hallucinations que lors-qu'elle les a vues à l'œuvre et de perdre jusque-là ses forces dans des préoccupations factices.

Qu'est-ce donc que le christianisme révolutionnaire ? Les métamor-phoses qu'a subies cet étrange et odieux sophisme, les polémiques

Charles de Mazade

dont il est l'âme, les héros en qui il se personnifie sont là pour répondre. Cette généalogie que je signalais entre quelques-unes de nos plus glorieuses imaginations de la veille et les réalités du lendemain éclate dans de récents témoignages. Ce n'est plus au sein d'une société rassise et en possession d'elle-même, ce n'est plus dans la chaire transformée en trépied d'un professeur visionnaire que cette inspiration pseudo religieuse se fait jour c'est un peu partout autour de nous, au club, dans la rue, dans les assemblées publiques, chez tous ceux qui visent à une tenue un peu complète de réformateurs et qui tiennent manufacture de décrets au timbre de *liberté, égalité, fraternité* ! mais non certes au plus bas prix. Ce qui n'avait été qu'un caprice étourdi de profanation et de libertinage sur les lèvres païennes de Camille Desmoulins quand il parlait du *sans-culotte Jésus*, quand il paraphrasait quelque hymne chrétienne en y mêlant les souvenirs de la veillée de Vénus, ce qui plus récemment n'était, dans la bouche de M. Quinet, qu'une autre manière de faire de la poésie, est devenu le thème commun des plus belles variations socialistes. Nous avons assisté des yeux de l'esprit à ces tristes parades qui se sont succédé depuis trois ans bientôt, à ces *agapes fraternelles*, quand Noël était fêté à la salle Valentino ou au Jardin d'Hiver par le pieux cortège des femmes libres, des prêtres émancipés et des béats adeptes, *communiant en Dieu et en l'humanité*, buvant à *l'égalité universelle*, portant des toasts à Jésus, *le premier des socialistes et le symbole naïf du prolétaire*. Nous avons entendu, sur les tréteaux populaires, les évangélistes du *circulus* commenter le sermon sur la montagne. Nous avons vu s'étaler sur les murs ces images où le Christ était placé entre le divin Robespierre et celui qu'on nommait *le Bavard de la démocratie*, qui mettait le meurtre à couvert sous les noms d'Harmodius et d'Aristogiton, et innocentait le vol par le souvenir du bon larron. De toutes parts s'est propagée ainsi sous nos yeux cette étrange émulation à abriter sous quelque lambeau de christianisme, qui son désordre, qui le fanatisme vulgaire du factieux, qui les fumées malsaines d'une intelligence troublée. Que dit encore aujourd'hui M. Quinet, continuant sa thèse dans *l'Enseignement du Peuple* ? « Le socialisme est le christianisme universel, » répète l'auteur d'*Ahasvérus*. Tel de ces commentateurs, esprit oiseux, en quête de matière à article, s'amusera, du même style dont il parlerait du livre ou du spectacle de la veille, à découvrir la complicité de l'Évangile et des pères de l'église avec le communisme. Celui-ci enveloppera de voiles mystiques l'invocation de Lucrèce « O volupté, mère des hommes… » Un autre jettera un ornement chrétien sur quelque rêverie platonicienne ou quelque réminiscence spartiate. Oublierons-nous l'apôtre, le théologien, le *mystagogue* de ce néo-christianisme ambulant et pensant, — M. Pierre Leroux ? M. Pierre Leroux est véritablement aujourd'hui le héros le plus en vue du christianisme révolutionnaire, comme M. Quinet l'a été avant février. Dans ce spectacle qui a ses tristesses, où l'odieux ne manque point, il y a du moins un dédommagement, c'est que le ridicule y vient parfois détendre l'esprit, un ridicule grave, pompeux, n'ayant nulle conscience de lui-même. Il existe parmi nous, pour notre plaisir et notre châtiment, de superbes exemplaires de cette espèce de ridicule qui se résume dans un mot : — le *faux sérieux*. Le faux homme sérieux abonde de toutes parts, et a fort à faire à conduire le monde qui attend ses oracles. Le faux homme sérieux est docteur en politique ou prophète de quelque religion nouvelle ; il est philosophe, économiste ou poète, quand il ne réunit pas toutes ces qualités, ce qui est le merveilleux du genre. Il fait des constitutions et des discours, des théologies et des dithyrambes, des philosophies de l'histoire et des articles de journaux ; il est de toutes les couleurs, de toutes les nuances, de toutes les sectes. Ce qui le distingue essentiellement et fait des variétés de l'espèce une glorieuse bande, c'est l'uniformité dans l'adoration du mot creux et de soi-même.

Pourquoi Lucien n'a-t-il point vécu de notre temps ? Bien certainement la figure de M. Pierre Leroux eût exercé sa verve. Ce n'est pas que le mordant satirique de Samosate eût vu clair dans les systèmes, dans la *doctrine* de l'auteur de *l'Humanité* : où donc eût-il vu cette doctrine ? comme dit M. Proudhon. Mais il eût aimé les traits de ce plaisant démiurge, et il l'eût peint, j'imagine, dans un de ces beaux jours d'effusion où, moitié philosophant, moitié chantant, l'apôtre radical se livrait à son inspiration fameuse : « C'est l'amour !… etc. » Peut-être l'eût-il placé à côté de ce Mithrobarzanes, magicien par excellence, aux longs cheveux et à la longue barbe, lequel s'était chargé d'initier Ménippe et l'initia effectivement en le plongeant trois fois de l'Euphrate dans le Tigre, en l'armant de la massue, de la lyre et de la peau du lion et en lui recommandant de se nommer à tout propos Ulysse, Hercule ou Orphée. Ce Mithroharzanes me paraît, sauf erreur, très expert en triades. Pour n'être pointant disciple de Zoroastre, M. Pierre Leroux n'en a pas moins des mérites d'initiateur auxquels M. Proudhon n'a point ménagé les traits de son ironie. M. Pierre Leroux caresse aujourd'hui plus que jamais l'idée de l'identité du christianisme et du socialisme ; il en fait le thème de ses homélies journalières où il est question de l'Évangile et de la déclaration des droits, de l'association et du *circulus*, du gouvernement provisoire et de l'organisation du suffrage universel. Si vous mettez en doute l'identité, on citera Symmaque. Si votre incrédulité n'est point réduite, M. Pierre Leroux mettra de nouveau au jour le factum d'un avocat romain, l'*Octavius* de Minutius Félix, où les chrétiens, comme nos contemporains socialistes, sont traités *d'exécrable secte* et de *vile multitude*, après quoi il sera manifestement et surabondamment prouvé que nous assistons aux merveilles du christianisme naissant dans la persécution. On comprend au surplus le sens philosophique de cette renaissance dont M. Leroux décrit les merveilles il s'agit ici du christianisme de la nouvelle espèce, de celui qui prend pour mot d'ordre : « La révolution est une religion nouvelle ! » Il s'agit du christianisme de Catherine Théot, qui voyait dans Robespierre *le fils de l'Être suprême, le verbe éternel*, le nouveau *rédempteur du genre humain* ; c'est là le christianisme de l'humanité progressive. N'êtes-vous point d'avis de reprendre la définition de Diderot : « C'est du *platonico-pythagorico-paracelsico-christianisme* ? » Encore faudrait-il, je pense, élargir la définition pour qu'elle pût caractériser suffisamment cet étrange amalgame d'illuminisme, de paganisme, de panthéisme, de fanatisme démocratique qui s'est fait jour à travers les fentes de notre société crevassée.

De tels raffinements de corruption intellectuelle et le facile accès qu'ils trouvent parfois auprès de plus d'un esprit sans défense ont bien sans doute une raison d'être ; ils tiennent à une cause qui n'est point tout entière dans l'illusion produite par une apparence trompeuse. Un trait commun aux cerveaux malades de toutes les époques, je le veux, mais qui est devenu, entre bien d'autres, le signe d'un mal plus général de notre temps, c'est la haine du simple sous toutes les formes, — sous la forme religieuse, politique, philosophique, littéraire. Nous n'avons point de goût à ce qui n'est point empreint d'un sceau particulier d'étrangeté. Il nous faut des singularités, des complications de tout genre, — mélanges affreux, accouplements bizarres d'éléments qui se repoussent, antithèses répugnantes, — non pour nous convaincre, mais pour nous étonner, non pour satisfaire un intime besoin du juste et du vrai, mais pour nous jeter hors des voies battues. Ce sont proprement vices d'esprits faussés et d'âmes blasées. M. Michelet nous a expliqué un jour notre maladie, non sans en fournir un nouveau témoignage. « Tel, dit-il, qui a beaucoup senti et qui, à la longue, trouve le monde uniforme et fade cherche volontiers dans le mélange des idées contraires je ne sais quelle âcre saveur. J'ai vu à Venise un tableau où, sur un riche tapis sombre, une belle rose se fanait près d'un crâne, et dans le crâne errait à plaisir une gracieuse vipère. » Cette *gracieuse vipère* ne vous semble-t-elle pas le symbole de bien des imaginations contemporaines ? Peut-être est-il dans la nature des civilisations complexes d'entretenir ces penchants : les révolutions surtout viennent leur imprimer une redoutable intensité, par les épreuves auxquelles elles soumettent l'intelligence et la moralité humaines, par les atteintes qu'elles portent aux notions réelles des choses, et par cette confusion de sentiments et d'idées qu'elles laissent après elles. Il vient véritablement une heure où, à force de surexcitations, d'essais inutiles, de controverses infécondes, le vrai, le simple et le juste cessent d'être l'âme et le secret ressort des combinaisons politiques comme des conceptions littéraires. La rectitude et le mâle bon sens cessent d'être le lest des intelligences. Il ne reste qu'une passion debout, — cette démangeaison de nouveautés dont parle Bossuet, un besoin ardent de travestissements irritants et d'impurs mélanges. Les idées et les opinions prennent d'étranges figures, même chez ceux qui se croient séparés des influences révolutionnaires par un dogme ou par un principe. Le droit divin s'habillera de démocratie et de souveraineté du peuple. Il nous était réservé, à ce qu'il semble, d'avoir en perspective des monarchies catholiques, démocratiques et socialistes. Et véritablement ce goût de l'extraordinaire et du bizarre n'a-t-il pas franchi parfois le seuil du temple lui-même ? N'avez-vous point entendu de ces paroles qui se proclamaient volontiers « singulières, moitié philosophiques, moitié religieuses, » et qui se plaisaient à errer « sur les confins de la terre et du ciel ? » Ou bien encore vous verrez des mains légères broder de pittoresques ornements les légendes sacrées et illustrer *l'Histoire de la Vierge*. Il y a ainsi comme une forte et mâle simplicité inhérente à cette grande doctrine chrétienne qui n'a point toujours été assez bien défendue par quelques-uns de ceux qui en étaient les gardiens naturels. Nous avons eu, pour tout dire, un romantisme chrétien à côté de toute sorte de romantismes.

Faut-il s'étonner ensuite que de ce fond inquiet et troublé naissent en même temps les caprices déréglés, les creuses synthèses historiques et sociales, les trinités mystagogiques et ces accès de religiosité vague qui sont les défaillances du sentiment religieux réel et ne se manifestent que par une passion âcre de profanation, par d'impossibles amalgames des éléments les plus contraires ? C'est le propre des temps où l'anarchie morale et le fanatisme de l'abstraction se réunissent pour hébéter les âmes. Qu'une puérilité de profanation vienne à éclore dans quelques imaginations perverties, elle se change en système progressif et social. Là est le cachet particulier de ce mélange de christianisme et de révolution qui est devenu une des formes distinctes du socialisme contemporain. Si l'on regarde de près pourtant ce christianisme révolutionnaire, chacune de ses prétentions historiques ou philosophiques ne reçoit-elle pas le plus sanglant démenti ? — Il se rattache à l'ère révolutionnaire pure comme à la miraculeuse réalisation du véritable idéal chrétien, et ce qui éclate au premier coup d'œil dans l'époque révolutionnaire, c'est la renaissance confuse d'un paganisme incohérent ; — il vise à la nouveauté, et, même dans les affectations mystiques de sa phraséologie, c'est une des plus tristes vieilleries qui aient traîné dans les bas-fonds des sociétés secrètes du XVIIIe siècle ; — il aspire à fonder l'affirmation suprême, le symbole religieux de l'avenir, et la négation est son essence, l'athéisme son dernier mot. J'aime mieux le cynisme cru d'un des premiers sectateurs de ce malfaisant sophisme, qui, après avoir exposé sa doctrine, ajoutait : « Ce qu'il y a de plus singulier, c'est que de grands docteurs croient réellement reconnaître ici le véritable esprit, le vrai sens du christianisme. O hommes, que ne pourrais-je pas vous faire croire ! » Et en vérité cet aveu n'est-il point le dernier résultat auquel on arrive en disséquant cette série de prétentions qui alimentent les polémiques du socialisme pseudo-chrétien ?

Quand je parle de ce mélange de paganisme qui se retrouve au fond de la révolution et qu'une légion d'esprits nuageux se plaît à décorer d'une sorte de mysticisme chrétien, est-ce une assertion extrême ? N'est-ce point plutôt l'expression d'un fait, l'indication d'un des côtés les plus frappants de cette orageuse époque au milieu de la multitude d'aspects et de nuances dont elle offre le spectacle ? Rien n'est plus curieux que cet essai de reconstruction d'un christianisme supérieur avec les éléments de la révolution française prise en ce moment suprême de 1793, — non de 1789, entendez-vous. Ce qu'il est vrai de dire, c'est que le paganisme y dégorge de toutes parts, sous toutes les formes, et s'y manifeste par mille endroits, dans les pensées, dans les mœurs, dans la manière d'envisager les institutions ou d'entendre l'idée de la patrie et du droit, dans le caractère même du courage qui s'y rencontre ou de ce qui prenait le nom de vertu, et jusque dans le geste, la figure et l'attitude des hommes. Il est des tendances, des instincts, des préjugés inhérents à la révolution, qu'on ne pourrait comprendre, si on ne tenait compte de cette fermentation du levain païen. On ne comprendrait pas cette omnipotence terrible des sociétés antiques rendue à l'état et la destruction de cette dualité du pouvoir spirituel et du pouvoir temporel qui est la sauvegarde de la plus inaliénable des libertés, — la liberté de la conscience humaine. On ne comprendrait pas cet âpre et exclusif sentiment de domination qui éclatait en paroles d'extermination, en chants tyrtéens, qui faisait reparaître dans le langage du jour l'antique identité entre le mot d'*étranger* et le mot d'*ennemi*, et qui s'est retrouvé, il faut le dire, dans l'excès des émulations guerrières de l'empire. On ne comprendrait pas le retour de ces dénominations d'*hommes libres* et d'*esclaves*, et ces essais de résurrection des castes fondés sur le *droit de conquête* populaire. Écoutez Saint-Just dans son rapport du 10 octobre 1793 : « Votre comité avait eu l'idée, disait-il, d'employer les hommes *suspects* à rétablir les chemins, à percer les canaux…, à transporter les bois de la marine, à nettoyer les fleuves. Ce serait le seul bien qu'ils auraient fait à la patrie. C'est à vous de peser cette idée dans votre sagesse : il serait juste que le peuple régnât à son tour sur ses oppresseurs, et que la sueur baignât l'orgueil de leur front… » Ce jeune et stoïque insensé, qui se croyait l'émule de Lycurgue, proposait de décréter l'ilotisme, et le plus nouveau des ilotismes assurément, — l'ilotisme par suspicion, prononcé à chaque heure du jour par le froncement de sourcil d'un dictateur ou d'un proconsul contre les dissidences secrètes, contre les désaffections latentes et contre les silences anti-patriotiques eux-mêmes. Lorsque Jean-Bon-Saint-André proposait un décret contre la débauche, quelle raison, quel idéal moral invoquait-il ? « C'est qu'au lieu de rendre les jeunes gens vigoureux et dignes des anciens Spartiates, la débauche n'en faisait que des sybarites incapables de servir la liberté. » Lorsque dans la plus vaine des tentatives pour transformer les mœurs, on érigeait des fêtes nouvelles au *génie*, à la *raison*, à la *virilité*, à la *génération*, qu'était-ce autre chose que la reproduction sous une forme abstraite de la pensée du paganisme qui personnifiait l'humanité dans ses dieux, en y ajoutant du moins la grâce et la poésie de ses immortelles fictions ? Prenez cette fête du 20 prairial, miracle de la foi religieuse de Robespierre, — cette fête à l'Etre suprême, décrite avec un luxe d'imagination idyllique par David : le sentiment païen n'est-il pas partout ? Groupes entrelacés de jeunes filles, d'adolescents et de vieillards ! bœufs aux cornes dorées ! char antique pliant sous les fleurs et les fruits de la terre ! hymnes à *l'auteur de la fécondité* ! statue de la sagesse aux pieds de laquelle brûlent les emblèmes de la *tyrannie*, et qui apparaît à la fin dans sa vérité, hélas ! — enfumée et noircie, — comme par une de ces hautes et irrésistibles ironies de la folie humaine ! Rien y manque-t-il ? Et dans les divers héros de l'esprit révolutionnaire, — depuis Mirabeau prétendant consacrer sa dernière heure « à se parfumer, à se couronner de fleurs et à s'environner de musique pour entrer plus agréablement dans le sommeil éternel, » jusqu'à Baboeuf arrivant aux lois agraires et au *bonheur commun*, où est le plus fugitif, le plus lointain reflet chrétien ? Ni leurs vues, ni leurs qualités, à vrai dire, ne sont du christianisme. C'est un autre ordre d'idées, de passions, de natures, et il faut vraiment des merveilles de fantaisie historique et philosophique pour découvrir cette loi hiératique du progrès basée sur l'identité de la pensée chrétienne et de la pensée révolutionnaire recueillie et transformée par le socialisme contemporain ; — à moins qu'on ne l'explique par l'aveu des plus naïfs adeptes : c'est que la révolution continue bien effectivement le christianisme, mais en l'abolissant ; oui, en l'abolissant, — ce qui équivaut sans nul doute à le continuer, dans le langage mystico-socialiste. Un des nouveaux historiens de la révolution, M. Michelet, qui tient à entretenir la gaieté de son lecteur, dit que, dans la guerre de la Vendée, les républicains étaient les vrais chrétiens et que les Vendéens étaient les païens ! Cela est fort bien dit et d'un suprême effet dans une histoire humoristique. Probablement, les soldats de la république, pour réduire la Vendée, n'auraient eu qu'à inscrire en lettres d'or sur leur drapeau, comme un talisman, la trinité nouvelle imaginée par l'auteur du *Peuple* et qui se résume dans ces trois noms : Rabelais, Molière, Voltaire ! — Quant à M. Michelet, il avouera qu'il est plus facile aujourd'hui de se faire le voltigeur posthume du christianisme révolutionnaire et de jeter de tels masques sur la figure des Cathelineau et des Lescure.

Dépouillons de ses broderies grotesques ou humoristiques cet étrange problème qui est celui de la civilisation elle-même. Le malheur de la révolution française, ce qui fait qu'elle pèse comme un doute sur les plus honnêtes et les plus fermes esprits, ce n'est point qu'elle ait été dans son principe une infraction aux lois des sociétés issues dit christianisme : c'est la confusion qui s'est élevée entre les dates, entre les idées, entre les fatalités et les tendances de ses diverses époques ; c'est cette sorte de solidarité néfaste créée par les faits entre 89 et 93, — solidarité que les uns reconnaissent pour s'en faire une arme contre l'ensemble de la révolution, que les fauteurs de barricades ou de philosophies effrénées revendiquent pour ennoblir leur drapeau, et qui demeure l'énigme des intelligences impartiales. Tant qu'on n'aura point résolu le problème de restituer à chacune de ces dates sa signification, de démêler ce qu'il y avait d'invincible, de légitime, et ce qui n'a été que la pure insurrection du mal, tant que la vérité de cette distinction ne sera point entrée dans les consciences comme une certitude, comme la règle des opinions et des conduites, le doute subsistera et glacera les âmes. Peut-être cette distinction était-elle moins possible dans le premier moment, où l'idée des transformations nécessaires se compliquait de la part de châtiment réservée aux déviations morales accumulées dans une société vieillie. Nous avons pensé l'avoir mieux faite, nous avons cru l'avoir réalisée dans nos essais successifs, dans nos institutions politiques, et, si nos frêles combinaisons n'ont point tenu devant un souffle révolutionnaire, il faut bien que cette distinction ait été pour nous-mêmes dans les mots, plus que dans les choses. Oui, assurément, dans le mouvement qui a éclaté, il y a soixante ans, il y a eu la part de l'effort légitime, de l'innovation nécessaire qui ne dérogeait point à l'idéal chrétien, qui en était, au contraire, la vivante application. C'est ce qui fait que cette date de 1789 avec ses tentatives, avec ses grands esprits et ses illusions mêmes, s'élève pour nous dans son principe au-dessus d'un outrage à l'ordre général des sociétés depuis le Christ ; mais ce qui n'est point douteux en même temps, c'est qu'à côté s'est développée et a grandi une révolution d'un autre genre, ayant son génie propre, qui a préexisté à 89, s'est mêlée à cette époque et lui a survécu, qui a ses traditions dans toutes les révoltes morales, intellectuelles, religieuses, politiques, qu'on peut justement caractériser comme le travail permanent de l'esprit du mal au sein des sociétés, et qui est arrivée de nos jours à tenir en échec la civilisation elle-même. Par quel enchaînement de circonstances cette révolution de la pire espèce, se substituant à l'autre, est-elle restée jusqu'ici maîtresse du champ de bataille, et est-elle parvenue à nous dominer ? Ici s'élèverait évidemment une autre question qui toucherait à nos plaies les plus actuelles, et conduirait peut-être à une triste découverte : c'est que, nous-mêmes, nous aurions aidé le mal à se propager, nous aurions servi sa cause à notre insu, en appliquant ses principes, en nous appropriant ses tactiques, en mettant ses armes en usage dans l'intérêt de rivalités et d'influences secondaires. J'ai toujours pensé qu'un des chapitres les plus curieux de notre histoire contemporaine serait celui où l'on montrerait l'esprit de destruction empruntant toutes les formes depuis un demi-siècle, se créant partout des alliés, se fardant de puritanisme libéral, de rigorisme conservateur, de philanthropie, de légitimisme, pour se dégager à la fin, dans la splendeur de sa victoire sinistre, du sein des partis réduits à l'impuissance, dissous, humiliés, — et peut-être encore non éclairés.

Toujours est-il que la révolution dans ce qu'elle a de proprement révolutionnaire, si je puis ainsi parler, — qu'elle se nomme jacobinisme comme autrefois, socialisme comme aujourd'hui, — bien loin d'être le développement naturel du germe chrétien, est au contraire la négation essentielle du christianisme dans sa morale, dans ses dogmes, dans ses interprétations de la vie humaine et ses conséquences sociales. Cela ressort de ses applications aussi bien que de cet étrange corps de doctrines historiques et philosophiques rédigé au nom de la pensée révolutionnaire par une légion de sophistes. Cela ressort des alliances qu'elle contracte, des moments de l'histoire qu'elle remet en honneur, des tendances qu'elle réhabilite, des éléments qu'elle rajeunit à partir du paganisme lui-même auquel se rattache le premier anneau de cet enchaînement de négations. M. Louis Blanc a tracé de curieuses filiations de la révolution française au point de vue socialiste, et il n'était que dans le vrai en lui assignant de lointaines origines. Partout, en effet, où éclate une révolte, un démembrement, une scission qui porte atteinte à l'essence de la pensée chrétienne, là se trouve une tradition reconnue et avouée du socialisme, qui résume en lui tous les instincts, tous les mouvements révolutionnaires. C'est comme une civilisation particulière qui se développe parallèlement à ce que nous nommons, nous, la civilisation. Quelle est la violation manifeste de l'idéal chrétien qui n'ait point sa place dans l'orthodoxie socialiste, — depuis les rêveries panthéistiques et alexandrines qui se cachent sous la défroque philosophique de M. Pierre Leroux jusqu'à l'anabaptisme qui revit dans l'ombre de nos sociétés secrètes, — depuis le matérialisme abject, le sensualisme honteux de quelques philosophes du XVIIIe siècle jusqu'à l'humanisme et à l'athéisme des pontifes hégéliens de l'Allemagne moderne ? Chacune de ces influences a sa part spéciale d'action et pourrait être suivie à la trace dans le travail des sectes contemporaines ; plus d'une a été savamment décrite ; il me suffit pour le moment de dire que l'une n'empêche point l'autre, et M. Pierre Leroux l'entend bien ainsi dans ses efforts pour fondre toutes ces nuances, pour combiner tous ces éléments et les mener au combat. M. Pierre Leroux a des manières de commenter le socialisme très propres à nous éclairer. Observez avec lui tout ce qui sort de bizarre, d'extrême du fond de la révolution, — le babouvisme, la théophilanthropie, la doctrine idéologique qui professe que *le pouvoir est un ulcère* : chacun de ces systèmes vous paraît peut-être suffisant par lui-même ; M. Pierre Leroux vous assurera que le socialisme est la synthèse qui les doit réunir. Le socialisme, vous dis-je, se compose de bien des choses : c'est l'éclectisme des toutes les négations religieuses, philosophiques et sociales. Il est d'honnêtes révolutionnaires qui se plaisent dans la négation comme dans une atmosphère, naturelle et saine et qui n'en disconviennent pas ; ils sont dans le vrai de leur métier. Il en est qui rédigent des budgets, promulguent des décrets clandestins pour le prochain avènement de la démocratie ou imaginent des organisations qui n'ont que le tort de combiner les erreurs et les vices de tous les régimes. Les plus curieux sont ceux chez qui, par une surexcitation particulière d'esprit, la négation affecte la forme de l'affirmation, s'habille de christianisme et revêt la tunique de lin pour développer le mystère de l'eucharistie sociale, ou commenter le sermon sur la montagne au profit du règne prochain de l'humanité émancipée et du bonheur universel. Ce sont les plus curieux, disais-je ; ce sont aussi les plus dangereux, on ne saurait le méconnaître, parce que leur langage est un piège permanent, parce qu'ils se font une arme des traditions religieuses, des habitudes contractées dès l'enfance pour infecter les âmes peu fermes, les intelligences superficielles. C'est ce qui explique comment le plus grand nombre de leurs prosélytes se trouve parmi les femmes, dans la jeunesse, dans cette classe d'ouvriers chez qui une demi-instruction se joint à d'immenses désirs. Plaisantes gens pourtant, dans leur ensemble, qui sont sans cesse à parler de décadence, et qui exercent leurs yeux à en découvrir les personnifications contemporaines ! Si cette décadence est réelle, n'en sont-ils pas les héros à tous les titres, — héros de décadence religieuse, politique, littéraire ? et la plus singulière fatuité chez eux serait de se prétendre les régénérateurs d'une civilisation dont ils sont le détritus accumulé. Si cette décadence ne doit point s'accomplir, c'est que cette sève chrétienne qu'ils dénaturent, c'est que la sève morale, et quelque chose d'autre encore, la sève du bon sens, n'est point tarie et peut jaillir en élans inespérés sous la pression même de leurs chimères.

Ce serait assurément toucher à l'un des points les plus instructifs de notre régime moral et intellectuel que de grouper le petit nombre de travestissements et de masques traditionnels de l'esprit révolutionnaire, de le montrer dans ses plus hautes ambitions, se reproduisant sans cesse sous les mêmes figures, en y ajoutant tout au plus le cachet du moment. Ce mélange de phraséologie mystique et de christianisme progressif, dont nous avons aujourd'hui les curieux spécimens, est-il lui-même une nouveauté ? n'est-ce point là encore une tradition rajeunie, perfectionnée et appropriée à notre état philosophique ? Écartez cette enluminure de pensée et de style particulière à notre temps, ce n'est guère autre chose que ce qui s'agitait dans les catacombes de l'illuminisme du XVIIIe siècle. Tandis que la philosophie accomplissait alors son œuvre dans l'éclat du jour, là, dans ces foyers secrets, la pensée révolutionnaire se nourrissait des visions, prenait les déguisements, parlait déjà la langue de nos pseudo-chrétiens. Une filiation évidente rattache à l'illuminisme du XVIIIe siècle les nuances principales du jacobinisme et du socialisme contemporains aussi bien par le fond des doctrines que par la bizarrerie du mysticisme extérieur, et les pères de l'Évangile nouveau ont, à n'en point douter, un précurseur dans le chef des illuminés, le Bavarois Adam Weishaup. Cet homme étrange, dans ses loisirs de professeur à Ingolstadt, avait imaginé une redoutable organisation ; il ne visait à rien moins qu'à fomenter au sein de la société réelle une société, entièrement fondée sur ses rêves destinée à se dégager dans sa fécondité nouvelle de la dissolution du *vieux monde* et à reproduire le prodige de la société chrétienne poussant ses rameaux vierges à travers les fentes de la société païenne disjointe. C'était, pour tout dire, une société secrète sur une grande échelle, avec une mystérieuse hiérarchie d'*époptes* et de *mages*, d'illuminés *majeurs* et *mineurs*. Monnier a écrit un livre pour prouver que l'illuminisme n'avait eu aucune part dans la révolution française. Cela est possible, si on n'envisage que le caractère politique et le principe des justes transformations de 1789 ; mais s'il est question de cet autre mouvement d'idées et de passions qui est devenu la tradition révolutionnaire elle-même, qui a été le jacobinisme, qui est en ce moment le socialisme, c'est une erreur des plus singulières. L'illuminisme est présent à toutes les phases de la révolution ; on peut distinguer sa trace dans les hommes, dans les systèmes, dans les habitudes de langage. Weishaupt était un révolutionnaire de génie qui avait imaginé ou retrempé la plupart de ces belles armes de destruction forgées avec quelques mots sur l'égalité et la liberté. Sa mystérieuse et bizarre hiérarchie avait un sens profond ; elle était fondée sur la notion de la myopie humaine qu'il faut ménager et n'initier que graduellement aux splendeurs de l'idée révolutionnaire pure. Weishaupt, il faut le dire, est particulièrement un de ceux qui ont le mieux fait vibrer cette corde du christianisme humanitaire et progressif. N'invoquait-il pas, lui aussi, selon son expression, « notre grand et à jamais célèbre maître Jésus de Nazareth ? » — « Sois un vrai chrétien ! » disait-on à l'initié ; et quelle était la première question qu'on proposait au nouvel adepte ? C'était celle de rechercher « dans les leçons des sages et de Jésus » les traces de ce christianisme universel, supérieur, qui est la religion de l'humanité et de la raison, dont la morale « est l'art d'apprendre aux hommes à devenir majeurs et à secouer la tutelle, » et qui restitue la nature dans sa perfection originaire par l'exercice de ses droits essentiels, la liberté et l'égalité. Merveilleux christianisme, indicible assemblage sous lequel se cache la *vraie* doctrine sociale et politique que le professeur d'Ingolstadt résume ainsi « L'égalité et la liberté sont les droits essentiels que l'homme, dans sa perfection originaire, reçut de la nature. La première atteinte à cette égalité fut portée par la propriété ; la première atteinte à la liberté fut portée par les sociétés politiques ou les gouvernements. Les seuls appuis de la propriété et des gouvernements sont les lois religieuses et civiles. Donc, pour rétablir l'homme dans ses droits de liberté et d'égalité, il faut commencer par détruire toute religion, toute société civile, et finir par l'abolition de la propriété. » Ce sont là les déductions naturelles du christianisme révolutionnaire d'Adam Weishaupt. L'illuminé bavarois avait d'ailleurs des effusions lyriques comme on en pourrait avoir de nos jours. « La semence est jetée d'où doit sortir un nouveau monde, disait-il ; ses racines s'étendent, elles se sont déjà trop fortifiées, trop propagées pour que le temps des fruits n'arrive pas… Écoute et sois rempli d'admiration,… te voilà entre le monde passé et le monde à venir. Jette un coup d'œil,… tu verras la richesse inépuisable de Dieu et de la nature, la dégradation et la dignité de l'homme… » Ne reconnaissez-vous pas là des germes précieux qui fructifieront, un des éléments essentiels de la tradition révolutionnaire ? Que la scène s'ouvre, Weishaupt sera Anacharsis Clootz ou Chaumette ; son esprit animera la légion des déclamateurs vulgaires ; ses traits se reproduiront dans nos figures contemporaines. C'est l'athéisme, direz-vous ; — certainement, c'est l'athéisme, — l'athéisme sous des formes diverses, prenant la couleur chrétienne ou parlant net et franc, selon les tempéraments et les circonstances : la différence n'est ici simplement qu'une question de degrés dans l'initiation à la science suprême.

Je sais bien qu'une portion du jacobinisme et du socialisme modernes repousse ces résultats extrêmes. Ne vaut-il pas mieux se reposer dans la poésie nuageuse d'un spiritualisme douteux comme M. Quinet, imaginer quelque religion nouvelle de l'humanité comme M. Pierre Leroux, ou réciter avec Robespierre quelque hymne déclamatoire à l'Être suprême comme nos radicaux politiques ? Ceci est une confusion réelle, qui tient à une pure inconséquence, et qui se dissipe pour peu qu'on pénètre l'essence de la philosophie révolutionnaire. Cette philosophie, qui est le fond commun et le lien de toutes les écoles, de quelques formes spéciales qu'elles l'enveloppent, quelque originalité particulière qu'elles cherchent à lui imprimer, n'est autre, en réalité, que la pensée même de Weishaupt, déjà rédigée scientifiquement par Rousseau dans sa théorie sur la bonté essentielle et native de l'homme. Livrez cette pensée à la passion humaine, à l'intrépidité de sa logique : — quelle série de conséquences en verrez-vous jaillir ? Évidemment, c'est que, l'homme étant essentiellement bon et ne devant qu'à ce qui l'entoure les déviations et les dégradations de sa nature, le progrès consistera pour lui à se délivrer par des émancipations successives de tout ce qui le contient, le gouverne on le dirige. Il atteindra de son esprit de révolte l'autorité qui le lie à la société politique, la propriété qui le rattache à la vie sociale, la famille qui l'enchaîne au foyer domestique. Il lui prendra une indicible aversion pour tout ce qui ressemble à un joug, à une loi ou à une gêne. Il n'est point, — hélas ! — jusqu'à ces dames humanitaires, héroïnes de la salle Monsigny ou des banquets Valentino, qui ne réclament pour la *libre personnalité* et ne mettent au monde des dithyrambes pour le *libre sentiment* qu'elles commencent par pratiquer. L'idée du châtiment perdra à coup sûr sa vertu, et on verra de coupables fanatiques porter sur leur front l'orgueil de leur crime, parce qu'ils n'auront peut-être attaqué que la société. N'est-il point des hommes pour qui un condamné est un être essentiellement digne d'intérêt et respectable, une victime expiatoire des lois sociales ? Triste symptôme de relâchement moral ! De toutes parts, ce sera ainsi un effort gigantesque et légitime de l'homme pour s'émanciper, pour s'affranchir de tout lien, pour proclamer et asseoir son infaillibilité.

Remarquez que le complément de toutes ces émancipations, c'est l'abolition de l'idée de Dieu, car Dieu est aussi un lieu ; il est le lien des âmes et les assujettit aux considérations de l'existence future. Si Dieu attendait l'homme l'issue de la vie pour le juger, le condamner peut-être, où serait la bonté native, l'infaillibilité de l'humanité ? Voilà pourquoi Chaumette et les hébertistes étaient dans la logique de leur temps, dans la vérité révolutionnaire. Voilà pourquoi Anacharsis Clootz n'était point infidèle à l'esprit de la révolution, dont il était un des apôtres, lorsqu'il laissait tomber ces paroles que je ne rapporte pas pour leur éloquence : «… C'est alors, — en 1789, — que je redoublai de zèle contre les prétendus souverains de la terre et du *ciel*. Je prêchai hautement qu'il n'y a pas d'autre Dieu que la *nature*, d'autre souverain que le *génie humain*, le *peuple-dieu*. Le peuple se suffit à lui-même… La raison réunira tous les hommes. Citoyens, la *religion* est le seul obstacle à cette utopie ; le temps est venu de la détruire. Le *genre humain* a brisé ses lisières… » C'est ce qui fait qu'aujourd'hui encore M. Proudhon est le plus conséquent des révolutionnaires au milieu des subtilités goguenardes de ses théories et des étourdissants miracles de sa dialectique. Il embrasse frénétiquement la négation et en développe les mystères destructeurs avec une sorte de poésie mêlée de lueurs ironiques. — Ne cherchez point l'organisation de la démocratie, dit-il aux dictateurs en disponibilité, parce que la démocratie est le contraire de l'organisation, la mort de toute autorité, l'annihilation de tout élément où puisse se fonder un pouvoir, parce que, ou elle n'est rien, ou elle est le règne de l'individualité indépendante et libre. — Ne troublez point votre cervelle à chercher des religions démocratiques, dit-il aux pseudo-prophètes, parce que la démocratie est le développement plein et entier de l'homme, et que les religions sont un joug, mi assujettissement, une discipline qui contient et réprime. Dieu et l'homme sont en hostilité éternelle : supprimons Dieu, et ne jouons pas la farce ridicule de nous faire un dieu facile et paterne qui se prête à toutes nos fantaisies et arrive tout justement à propos pour sourire à chacune de nos volontés. — M. Proudhon, en proclamant l'athéisme et l'anarchie, ne fait autre chose que dégager le sens extrême des démembrements successifs de l'autorité divine et humaine qui forment le fond de la tradition révolutionnaire. Étrange embarras pourtant que celui où M. Proudhon place M. Pierre Leroux ! Il le met dans l'alternative ou de viser à se faire pape, ou de n'avoir point absolument d'autres idées que lui, Proudhon, sur Dieu, la religion, la propriété, le gouvernement, sauf à « les embrouiller de triade, de *circulus*, de métempsycose et de toute sorte d'illuminations métaphysiques et érotiques. » C'est un dom Gerle de notre temps, assure M. Proudhon, qui a son Robespierre dans M. Louis Blanc, et auquel les Catherine Théot ne manqueront pas. O variété inépuisable des travestissements révolutionnaires !

Que M. Pierre Leroux publie encore les merveilles de son christianisme et l'identifie au socialisme, soit ; nous savons ce qui s'y cache, nous savons ce qui est au fond de cette coupe d'ébriété mystique et ce que veut dire cette *identité* où les mots changent de sens, où la révolte universelle se transforme en usage religieux et libre de nos facultés, où la satisfaction de tous les désirs devient le devoir, et où l'insurrection, c'est-à-dire le fait dans toute sa brutalité, se qualifie de droit de l'homme. La société elle-même le sait par la série de ses épreuves et le nombre des blessures saignantes qu'elle porte au flanc. Il est, en effet, un point, par malheur, où M. Pierre Leroux dit vrai, sans soupçonner toute la portée de son assertion : c'est quand il affirme que le christianisme révolutionnaire, ou du moins ce qui se cache sous ce nom, règne parmi nous, et que des symptômes multipliés attestent sa présence et son action. Oui, assurément, il règne dans l'air plus qu'on ne le pourrait croire ; il a toute la puissance de l'esprit du mal érigé en religion ; il a son génie, sa morale, ses interprétations de la vie humaine, sa tradition écrite dans toutes les défaillances de la société, dans les faits comme dans les meurs, — à tel point que — c'est aujourd'hui une de nos ressources de pouvoir saisir et marquer distinctement son caractère par ses résultats. Un éminent esprit qui, du sein d'un pays retranché en apparence de la vie philosophique de l'Europe, observait avec une pénétrante justesse ce travail de falsification des idées contemporaines, avait aperçu sous son vrai jour, avant février, ce christianisme étrange, comme il l'appelait, et il le jugeait en lui laissant son nom d'emprunt : c'est l'Espagnol Don Jaime Balmès. « Qu'y a-t-il de semblable entre votre *christianisme*, disait-il, et celui de l'Évangile ? Celui-ci formait des anachorètes, le vôtre forme des sybarites ; celui-ci épura et corrigea les mœurs du monde païen, le vôtre corrompt les mœurs du monde actuel ; celui-ci étouffa l'égoïsme sous la charité, le vôtre divise les hommes en se couvrant du nom d'une fraternité stérile, et fomente dans leur cœur l'instinct de l'individualisme et de l'intérêt propre ; celui-ci organisa la famille, sanctifia le mariage, le vôtre relâche le lien conjugal et dissout la famille… Là où votre morale s'introduit, la corruption se mesure au degré de diffusion de vos doctrines. Contemplez votre œuvre… fixez vos regards sur la cité riche, populeuse et florissante, rendez-vous des arts et des sciences, capitale du monde civilisé. Il y a moins d'un siècle que vos philosophies y étendent leur empire. Là ont vécu et sont morts, là vivent encore vos grands hommes ; là a retenti votre voix avec le plus d'éloquence ; là vous avez fait en grand vos essais, et ce que vous ne pouviez réaliser par la persuasion, vous l'ayez tenté par la force des armes ; là la guillotine vint à l'appui des arguments et le bruit du canon à l'appui des clameurs de votre presse ; là vous avez triomphé. Qu'avez-vous fait de cette société ? En quoi avez-vous converti ce grand peuple ? Faut-il lever le voile qui couvre l'ignominie de vos œuvres ? Nous nous contenterons d'un seul fait qui est public et dépose d'une manière accablante contre vos systèmes : c'est qu'à Paris le tiers des enfants qui naissent ne sont point de légitime mariage… » Objectera-t-on comme un suprême argument, que les théories mystico-révolutionnaires contiennent le mot de l'élévation progressive du niveau humain et résolvent le problème de montrer l'homme dans l'éclat de sa souveraineté et de sa dignité ? Qu'on observe un moment quelques faits : entre Jean-Jacques mettant ses enfants à l'hôpital, sauf à écrire ensuite des traités d'éducation, et l'homme qui ne se tient quitte d'aucun devoir, qui pratique les mâles et simples vertus de la lutte contre ses passions, où est la plus belle empreinte humaine ? Entre cet Américain qui va chaque jour en avant dans le désert, travaillant et priant, aidant au besoin le nouvel émigrant qui arrive, et cet adepte des banquets socialistes qui revêt l'ardeur de ses convoitises de quelques phrases mystiques sur l'égalité et la fraternité, quel est celui qui honore le plus le nom d'homme ? Là, en réalité est toute la différence entre le christianisme révolutionnaire et le christianisme vrai, efficace et pratique.

Le livre de M. Quinet, *l'Enseignement du Peuple*, touche évidemment, bien que sous un titre spécial, à toutes ces questions. C'est le fruit d'un de ces esprits surexcités par le rêve, par l'habitude d'une sorte d'hallucination mystique, et qui arrivent à faire assez bien danser au bout d'une phrase ces mots de révolution et de christianisme bizarrement accouplés. M. Quinet est la triste victime du christianisme révolutionnaire ; il l'a prêché, il en a été l'apôtre, il est descendu dans ses profondeurs, et il y a laissé son talent, — ce talent qui a eu des moments d'éclat et de vigueur saine, quand il écrivait quelques-uns des fragments d'*Allemagne et Italie* ou l'essai sur la *Vie de Jésus* par Strauss. Quelles sont au fond les idées de M. Quinet ? Je ne suis pas bien sûr que ce soient des idées ; ce sont des instincts, des lueurs d'imagination qui s'échappent, des semblants de profondeur qui se révèlent. Honnête nature d'ailleurs, qui est dans une forêt de Bondy et qui se croit encore dans une poétique forêt d'Allemagne ! Une religion est-elle un élément essentiel de la vie sociale selon l'auteur d'*Ahasvérus* ? Cela serait présumable d'après une de ses théories particulières sur la nécessité imposée aux peuples d'asseoir leurs révolutions politiques sur des révolutions religieuses. Seulement M. Quinet avoue avec candeur l'incurable inaptitude de la France à cette fabrication périodique de religions ; c'est là un de nos plus faibles côtés. Et alors que nous propose-t-il candidement, sérieusement ? Il nous propose de nous débarrasser de toute religion, de nous faire le peuple libre, progressif, révolutionnaire, réalisant la liberté, l'égalité, la fraternité, en dehors de tout culte, — le *peuple-dieu*, comme disait Anacharsis Clootz. C'est au reste ce que l'auteur de *l'Enseignement du Peuple* appelle le christianisme universel. Christianisme, soit ! Mais n'apercevez-vous pas déjà la figure ironique de M. Proudhon se penchant vers M. Quinet, l'attirant et lui faisant accueil comme à un hôte bienvenu dans son camp ? La révolution de 1848, aux yeux de l'auteur d'*Ahasvérus*, n'avait point de sens, ou elle impliquait l'idée de cette émancipation de l'autorité religieuse et de la proclamation de sa propre infaillibilité spirituelle. Aussi est-ce chez M. Quinet une pitié et une stupéfaction profondes lorsque, peu de jours après février, assistant à la plantation d'un arbre de la liberté, il aperçoit… quoi ! un *homme en surplis* donnant ainsi le baptême à la révolution. « O sublime ironie de la Bible, dit l'auteur, je te savourai ! » Il faut voir comme M. Quinet rudoie ces républicains de peu de foi qui livraient la révolution, qui invoquaient les prières de l'église et s'arrêtaient même devant une loi de divorce. Il y aurait bien quelque chose à dire en faveur de ces tristes révolutionnaires qui n'allaient pas au bout de leurs pensées et n'avaient pas la logique de leurs passions : c'est qu'ils voulaient vivre et jouir de leur fortune heureuse, et que ce n'était point trop de tous les appuis pour les tenir au niveau où un coup de main les avait portés. Il y a une raison plus sérieuse, c'est que les hommes sont souvent les instruments involontaires de mouvements dont ils n'ont pas le secret, et obéissent à une impulsion qui les dirige vers le but le plus opposé à leurs vœux. Un des plus curieux problèmes que soulève la crise de 1848, c'est celui-ci : étant donné une révolution accomplie en apparence dans le sens de certaines idées, comment se fait-il que le premier usage que ce peuple délivré fait de sa liberté soit pour réagir contre ces idées mêmes ? Le problème est ardu, et M. Quinet en désespère. Un goût invétéré de servitude volontaire peut seul, à ses yeux, donner la raison de ce phénomène. Une explication plus naturelle s'offre pourtant à l'esprit : c'est qu'une société peut bien avoir des moments d'oubli ; elle peut pousser la folie de la sécurité au point d'assister à sa propre déroute comme à un spectacle rare : qu'elle se réveille meurtrie et menacée encore, qu'elle sente l'effort violent tenté de toutes parts pour lui arracher ses croyances religieuses, ses croyances morales, ses croyances politiques, cet effort même lui révélera la place qu'occupent en elle ces réalités fécondes, et elle s'y rattachera avec une sorte d'énergie fébrile ; elle revendiquera ces notions auxquelles elle n'a pas su épargner un humiliant échec. C'est ce que l'auteur de *l'Enseignement du Peuple* qualifie de *servitude volontaire* : dernier mot de l'orgueil des sectaires déçus dont les sociétés bafouent les rêves !

C'est, à tout prendre, un christianisme révolutionnaire très libre que celui de M. Quinet. S'il a des affinités avec M. Pierre Leroux, il va d'autre part rejoindre M. Proudhon, en conservant une teinte d'originalité propre née de l'habitude de tout transformer en poésie et de se servir d'une langue qui n'est point celle des distributeurs vulgaires de surexcitations. Otez ce langage, *l'Enseignement du Peuple* ne contient autre chose que le fonds commun de toutes les prédications socialistes. Quelles conséquences particulières se déduiront des doctrines de M. Quinet quant à l'éducation publique ? C'est qu'il faut que la révolution s'affirme dans son enseignement comme dans sa politique, comme dans ses institutions sociales. Qu'est-il besoin du prêtre dans l'école ou dans le conseil ? La révolution est elle-même la religion d'où tout découle, qui peut seule rétablir l'unité des âmes rompue par les religions officielles, et élever ce *sauveur* dont parle l'auteur, c'est-à-dire l'homme de l'humanité nouvelle, du christianisme universel. M. Quinet tend visiblement à se constituer le Fénelon de ce nouveau Télémaque, selon son expression. La loi récente sur l'enseignement ne répond guère, cela se comprend, à cet idéal. M. Quinet ne voit qu'un chaos dans cette œuvre d'honnêtes gens qui ont préféré la logique de la réalité à la logique des chimères, et ont essayé de faire vivre ensemble les éléments essentiels de toute société humaine. Rien n'est plus facile que ces critiques : rien n'est plus aisé que de peindre la perplexité de l'instituteur entre son maire et son curé qui lui parlent un langage différent, de montrer le protestantisme et le catholicisme se faisant la guerre dans les conseils, se disputant les âmes, puis de représenter, avec une ironie malsaine, le *chaos* planant sur l'ensemble et s'écriant, comme il le pourrait faire dans *Ahasvérus* : « O bonheur ! ô joie ! voilà bien mon empire ! Quel vertige ! Fidèles sujets, ne vous séparez pas, vous m'enivrez de délices ! Le mélange ténébreux des éléments dans la nuit matérielle où naquit Uranus n'était rien auprès de cette nuit morale, intellectuelle, philosophique, religieuse, divine ; confusion de l'esprit ! volupté du chaos ! » Mais ne pourrait-on pas faire une bien plus juste application de ces merveilleuses peintures ? Humanité progressive, christianisme révolutionnaire, Icarie, phalanstère, anarchie, — combinez tout cela ! — O confusion de l'esprit ! ô volupté du chaos ! pourrions-nous dire à notre tour ; inappréciables éléments d'un beau chapitre des variations socialistes ou d'un dialogue nouveau de quelque Lucien sur les sectes à l'encan ! — Eh bien ! non ; restons dans le sérieux : ceci ne serait pas plus vrai que l'assertion de M. Quinet. Il y a au fond dans le socialisme, au milieu de la variété de ses nuances, sous les déchirements de ses sectes qui se dévorent parfois, une unité très réelle : c'est la négation radicale, essentielle, variée seulement dans la forme, des vérités que le christianisme a mises au sein des sociétés. De même, chez ceux qui s'attachent à le combattre, sous des contradictions apparentes et dans une certaine mesure d'indépendance réciproque, il y a l'affirmation commune de ces mêmes vérités. C'est le flambeau qui éclaire notre situation, et ce mot d'enseignement du peuple, quand il est jeté entre les partis, prend à ce point de vue tout son sens et toute sa moralité.

L'enseignement du peuple ! oui, voilà le mot ambitieux de tous ces systèmes, de toute cette propagande qui se poursuit alternativement au grand jour ou dans l'ombre. Tout ce qui nourrit quelque intelligence, ne fût-ce que quelque instinct révolutionnaire, sent bien qu'il y a peu à attendre d'un peuple dont l'esprit n'est point pétri de chimères, qui chérit son foyer, qui vit dans le travail et garde surtout les notions simples des choses. Aussi voyons-nous de toutes parts éclater ce triste et malfaisant besoin de faire surgir des entrailles de la société réelle ce peuple factice, ce peuple de théâtre, qu'on mène avec des mots, qui a le journal pour évangile, et auquel on dit qu'il sera un *vrai* chrétien en se révoltant contre la loi universelle et rigoureuse de la douleur et du travail. Le résultat de ce prosélytisme, c'est d'enlever tout sentiment de la réalité, d'ôter à l'esprit cette vue simple des choses qui rend le devoir facile, et de former sur l'intelligence publique ces nuages d'où jaillit l'éclair qui se traduit parfois en effroyables saturnales. Quel est le remède à cette corruption organisée ? C'est justement de ramener sans cesse au sentiment des choses réelles, de remettre en honneur les simples et naturelles explications de la vie humaine, de dissiper les chimères et les fantômes à mesure qu'ils renaissent ou se perpétuent, et de les montrer sous leur jour ridicule ou sinistre. Par une ironie secrète des événements, la révolution de février elle-même a bien pu être plus fatale qu'utile à toutes ces théories, à toutes ces doctrines qui s'agitent et ont des convulsions sous nos yeux. Elle les a forcées à sortir du domaine de la pure spéculation et à prendre corps. Elle leur a livré un moment la société, et a contraint la société, pour se mesurer avec elle, à s'appuyer sur ses réalités fondamentales. Or, c'est ce contact de la réalité qui double la force, de même que la notion claire du péril est en quelque sorte un élément de sécurité. C'est cette notion du péril qu'il faudrait bien ne pas voir périr et s'effacer sous l'amour puéril d'un autre genre de disputes byzantines ; c'est de ce sentiment exact des choses réelles qu'il faudrait sans cesse s'armer contre la légion des ombres et des systèmes. Lucien raconte que ce Mithrobarzanes dont je rappelais l'histoire, après avoir achevé l'initiation de Ménippe, le conduisit aux enfers ; là, Tirésias engagea le bonhomme à se défaire des chimères philosophiques, en ajoutant : « La meilleure vie est la plus com-

mune. » Le conseil de Tirésias avait du bon. Oui, la vie commune !
non point parce qu'elle ramène à l'égoïsme de la conduite, à la vulga-
rité des résolutions, mais parce qu'elle maintient l'âme humaine en
contact avec les conditions réelles de sa nature et de sa destinée, et
qu'elle révèle à l'homme la loi de son vrai perfectionnement à l'abri
des chimères qui lui communiquent de fausses exaltations, qui le
conduisent à la décadence en lui parlant de progrès, et le mènent à
la brutalité en lui parlant de christianisme.

ISBN : 978-1548035044